AF262225

VIE

MORALE, POLITIQUE ET CRIMINELLE

DU CLERGÉ,

ET

DE LA NOBLESSE FRANÇAISE

DEPUIS 90 JUSQU'EN JUILLET 1830,

Par M. Bruuel, Capitaine retraité.

Un poignard à la main, sous le sceptre des rois,
Ils prêchaient la vertu, s'emparant de nos droits.

PARIS.

TERRY, Libraire, Palais-Royal, galerie Valois, n. 185.

—

1831.

IMPRIMERIE DE J. L. BELLEMAIN, RUE SAINT-DENIS, N° 268.

AVANT-PROPOS.

Cet ouvrage, commencé en 1815 et continué jusqu'au moment où le despotisme absolu étendit sa main de fer sur la médiatrice de nos droits, était destiné à déchirer le voile qui couvrait les yeux d'une multitude de gens trop malheureusement encore remplis du fanatisme si funeste à notre chère France.

Brûlant d'amour pour mon pays, véritable ami de la liberté, je vais m'efforcer, autant que mes facultés me le permettront, de rendre en ce précis historique le tableau teint du sang de tant de citoyens français que les hordes sacerdotales ruinèrent et massacrèrent sans pitié.

J'ose espérer que l'authenticité des faits et la franchise avec laquelle je vais m'expliquer, seront des motifs assez puissans pour servir d'excuse à une plume peu éloquente il est vrai, mais véridique et sincère. Loin de vous, lecteurs, l'idée que j'eusse la sotte présomption de vouloir rivaliser avec ceux qui, par leurs rares talens, se sont immortalisés à jamais ; je n'ai de but réel qu'à vous faire part de ce qu'il est advenu en ces temps désastrueux.

VIE

MORALE, POLITIQUE ET CRIMINELLE

DU CLERGÉ.

———

Il n'est point de solide bonheur que dans la pratique de la vertu ; que la pauvreté n'est un mal que pour ceux qui ne savent pas en faire un bon usage ; qu'il faut soumettre ses désirs à sa condition, et non sa condition à ses désirs, parce que ceux qui ne renferment point leurs vues dans les bornes que leur naissance leur prescrit, achètent souvent leur satisfaction par mille lâchetés, en un mot par la perte de leur honneur et de leur réputation.

La vertu consiste dans la bienfaisance envers le prochain. Peut-on appeler vertu autre chose que ce qui fait du bien aux malheureux ? La vertu doit être commune chez tous les hommes : Fais à autrui comme à toi-même, aime les hommes en général, mais chéris les gens de bien ; oublie les injures et jamais les bienfaits. Il est des hommes incapables de sciences, mais il n'en est pas d'incapables de vertus.

On peut faire des choses qui donnent de la célébrité, mais qui ne conduisent point à la gloire. La gloire appartient à Dieu dans le ciel ; sur la terre elle appartient à la vertu et non au génie ; à la vertu utile, grande, bienfaisante, éclatante, héroïque : elle appartient à un monarque qui s'est occupé pendant un règne orageux du bonheur de ses sujets, et qui s'en est occupé avec succès ; elle appartient à Henri iv, de glorieuse mémoire, le seul de sa race qui ait gouverné son peuple avec équité ; à un citoyen qui aurait sacrifié sa vie pour l'utilité publique, comme Guillaume Tell ; elle appartient à un Régulus et à un Caton. Il y a eu dans tous les temps et dans toutes les classes des hommes vertueux. La gloire appartient à Vincent-de-Paule ; ce héros sublime de la charité chrétienne l'étendit jusque sur les criminels. Ayant un jour rencontré un forçat contraint d'abandonner sa femme et ses enfans dans une grande pauvreté, il obtint sa liberté en se mettant à sa place; il porta longtemps la chaîne dont il l'avait délivré. Quelques personnes de grand mérite ayant eu connaissance de ce fait, le retirèrent des galères. Le poids énorme des chaînes lui laissa pour toute sa vie une enflure considérable aux pieds. Par la suite il fut nommé, à sa sollicitation, aumônier des galères. Il fit adoucir leur sort et les consola par ses douces exhortations. Il fit établir à Marseille un hôpital pour eux; jusqu'alors ils n'en avaient point eu. Il fonda un hôpital pour les vieillards, l'Hôtel-Dieu, l'hôpital des Enfans-Trouvés, la congrégation des Filles de la Croix, pour l'éducation des pauvres filles. Il établit les Sœurs de Charité. En 1659 il vendit et donna tout ce qu'il possédait, qu'il envoya dans la Lorraine ruinée par la guerre. Cet homme vertueux était un véritable apôtre de Jésus. L'homme vertueux est François de Sales; Henri iv, sous le règne duquel il existait, voulut le retenir à la cour, François préféra de rester à son évêché pour faire du bien à ses ouailles; aussi disait-il que la cour n'était pas l'élément des prélats. Aujourd'hui c'est le contraire. Il refusa même une pension de ce prince : dans le siècle où nous sommes, grands comme petits en demandent. « Je ne puis souffrir, disait François, qu'un ecclésiastique se plaigne de la pauvreté; » c'est ce que font ceux du jour : qu'ils se souviennent de ce qu'il a dit à la face de l'Eglise en recevant la tonsure : « Que Dieu seul était la part de son héritage. » Le clergé de 1816 et 1817 a sans doute oublié ce qu'il a dit à cette époque, puisque loin de fuir la cour, qui est la source de toutes les faveurs, ils y abondent pour demander des places et des pensions : ils ont donc renoncé à l'héritage du Très-Haut pour jouir des biens de ce monde, qu'ils s'efforcent de faire mépriser au vulgaire par paroles, mais non par exemples.

Avouons qu'il n'est point de législateur qui ait annoncé des vérités plus utiles au genre humain que la bienfaisance, et on ne peut se le dissimuler; mais pour s'en bien pénétrer il faut reconnaître les bienfaits par les bienfaits, et ne se venger jamais des injures. Quelle maxime et quelle morale plus pures? Ainsi que l'humilité, si on pratiquait cette vertu il n'y aurait jamais de querelles sur la terre. L'humilité est la modestie de l'ame; la modestie extérieure n'est que la civilité; l'humilité ne peut consister à se nier à soi-même la supériorité qu'on peut avoir acquise sur un autre. Un bon peintre ne peut se dissimuler qu'il en sait davantage que son élève, mais il ne doit pas s'en faire accroire. L'humilité n'est pas l'abjection; elle est le correctif de l'amour-propre, comme la modestie est le correctif de l'orgueil. C'est dans l'exercice de toutes ces vertus et dans le culte d'un Dieu bon et universel, que l'homme doit vivre loin des chimères et des illusions. L'amour du prochain doit être la vertu que nous devons le plus pratiquer, et l'amour de Dieu notre religion.

Malheur à un peuple assez imbécille pour penser qu'il y a un Dieu pour sa seule religion : c'est un blasphême. Quoi ! la lumière du soleil et la lumière de Dieu n'éclaireraient qu'une petite et chétive nation dans un coin du globe ? Quelle horreur ! la Divinité parle au cœur de tous les hommes, et les liens de la charité doivent les unir d'un bout de l'univers à l'autre. Toute secte, en quelque genre que ce puisse être, est le ralliement du doute et de l'erreur. Quand la vérité est évidente, il est impossible qu'il s'élève des partis et des factions. Si un homme veut persuader à d'autres hommes sa religion, qui ne la connaissent pas, ne doit-il pas s'y prendre avec la plus insinuante douceur et la modération la plus engageante ? S'il commence par dire que ce qu'il annonce est vrai et démontré, il trouvera une foule d'incrédules ; s'il ose leur dire qu'ils ne rejettent sa doctrine qu'autant qu'elle condamne leurs passions, qui ont corrompu leur esprit, qu'ils n'ont qu'une raison fausse et orgueilleuse, il les révolte, il les anime contre lui, il ruine lui-même ce qu'il veut établir. Si la religion qu'il annonce est vraie, l'emportement et l'insolence la rendent-ils plus vraie ? Se met-on en colère quand on dit qu'il faut être doux, patient, bienfaisant, juste, remplir tous les devoirs de la société ? Non, car tout le monde est du même avis. L'homme juste sait que Dieu l'a créé, que Dieu est en lui, qu'il le porte partout ; pourrait-il le souiller par des pensées obscènes, par des actions injustes, par d'infâmes désirs ? Son devoir est de remercier Dieu de tout et de ne cesser de le bénir qu'en cessant d'être !!.....

Ne faudrait-il pas soigneusement distinguer la religion de l'Etat et la religion théologique ? Celle de l'Etat exige que les curés baptisent, qu'il y ait des églises, des jours consacrés à l'adoration et au repos, des rites établis par la loi ; que les ministres de ces rites aient de la considération sans pouvoirs, tels qu'ils étaient naguère ; qu'ils enseignent les bonnes mœurs au peuple, et que les ministres de la loi veillent sur les mœurs des ministres des temples. Cette religion de l'Etat ne peut en aucun temps causer aucun trouble. Il n'en est pas ainsi de la religion théologique : la théologie, qui s'est emparé de l'esprit humain par l'opinion, qui a profité des premières frayeurs de l'enfance pour en inspirer d'éternelles à la raison, qui a tout dénaturé pour avoir le droit de tout expliquer. Grand Dieu ! quelles extravagances t'imputent des êtres qui ne parlent et n'agissent que par un bienfait continuel de ta puissance, et qui te font agir et parler suivant les ridicules caprices de leur ignorance présomptueuse ! Sont-ce les démons qui te blasphèment ou les hommes qui se disent tes ministres ? La religion théologique est la source de toutes les sottises et de tous les troubles imaginables : c'est la mère du fanatisme et de la discorde civile, c'est l'ennemie du genre humain.

Lorsqu'une fois le fanatisme a gangréné un cerveau, la maladie est presqu'incurable. On a vu des convulsionnaires qui, en parlant des miracles de tel saint, s'échauffaient par degré malgré eux ; leurs yeux s'enflammaient, leurs membres tremblaient, la fureur défigurait leurs visages, et ils auraient tué quiconque les eût contredit. Il y a des fanatiques de religion comme de révolution. Il n'y a d'autres remèdes à ces maladies épidémiques que l'esprit philosophique qui, répandu de proche en proche, adoucit enfin les mœurs des hommes, et qui prévient les accès du mal. Que répondre à un homme qui vous dit qu'il aime mieux obéir à Dieu qu'aux hommes, et qui en conséquence est sûr de mériter le ciel en vous égorgeant ? L'effet de la philosophie est de rendre l'ame tranquille, et le fanatisme est incompatible avec la tranquillité. On a vu mille fois, dans toutes les parties de notre globe, des fanatiques enivrés s'égorger les uns les autres, allumer des bûchers, commettre sans scrupule et par devoirs les plus grands crimes, faire ruisseler le sang humain. Pourquoi ? pour faire valoir, maintenir ou propager les conjectures impertinentes de quelques enthousiastes, ou pour accréditer les fourberies des imposteurs sur le compte d'un être qui n'existe que dans leur imagination.

Nous trouvons dans toutes les religions de la terre un Dieu des armées, un Dieu jaloux, un Dieu vengeur, un Dieu exterminateur, et que ses adorateurs se sont fait un devoir de servir à son goût. Comment l'esprit humain, infecté par des fantômes effrayans et guidé par des hommes intéressés à perpétuer son ignorance et ses craintes, eût-il fait des progrès ? On força l'homme de végéter dans sa stupidité primitive, on ne l'entretint que des puissances invisibles, desquelles son sort était supposé dépendre. Uniquement occupé de ses alarmes et de ses rêveries inintelligibles, il fut toujours à la merci de ses prêtres, qui se réservèrent le droit de penser pour lui et de régler sa conduite. Ainsi l'homme fut et demeura toujours un enfant sans expérience *en matière de religion !!!* un esclave sans courage, un stupide qui craignit de raisonner, et qui ne sut jamais se tirer du labyrinthe où l'on avait égaré ses ancêtres : il se crut forcé de gémir sous le joug de ses Dieux, qu'il ne connut que par les récits fabuleux de leurs ministres ; ceux-ci, après l'avoir garotté par les liens de l'opinion, sont demeurés ses maîtres, ou l'ont livré sans défense au pouvoir absolu des tyrans, non moins terribles que les dieux dont ils se dirent les représentans sur la terre..... Puisqu'il fallait un Dieu aux hommes, que ne s'en tenaient-ils au soleil, ce Dieu visible adoré par tant de nations? Quel être avait plus de droit aux hommages des mortels que l'astre du jour, qui éclaire, échauffe, vivifie tous les êtres; dont la présence ranime et rajeunit la nature; dont l'absence semble la plonger dans la tristesse et la langueur? Si quelqu'être annonçait au genre humain du pouvoir, de l'activité, de la bienfaisance, de la durée, c'était sans doute le soleil qu'il devait regarder comme le père de la nature, comme l'ame du monde, comme la Divinité. Au moins on n'eût pu sans folie lui disputer l'existence ou refuser de reconnaître son influence et ses bienfaits.

Si notre religion a été si souvent corrompue par la fureur infernale des théologiens, c'est à la folie des hommes qu'il faut s'en prendre. De quoi servent à la vertu des distinctions théologiques, des dogmes fondés sur ces distinctions, des persécutions fondées sur ces dogmes? La nature, effrayée et soulevée avec horreur contre toutes ces inventions barbares, crie à tous les hommes : Soyez justes, et non des sophistes persécuteurs. Redisons tous les jours : la morale est une, elle vient de Dieu; les dogmes sont différens, ils viennent des hommes. Tous les philosophes de la terre qui ont eu une religion, dirent dans tous les temps : Il y a un Dieu, il faut être juste et vertueux. Voilà donc la religion universelle établie dans tous les temps et chez tous les hommes.

Un bon prêtre doit être le médecin des ames comme le chirurgien l'est du corps. Quand un prêtre dit : adorez Dieu, soyez juste, indulgent, compatissant, c'est alors un bon médecin; quand il dit : croyez-moi ou vous serez brûlé, c'est un assassin. La religion ne doit pas consister dans des opinions métaphysiques inintelligibles, ni dans de vains appareils, mais dans l'adoration et dans la justice. Faire le bien, voilà le vrai culte; être soumis à l'auteur de la nature, voilà la véritable doctrine.

La vertu entre les hommes est un commerce de bienfaits; celui qui n'a nulle part à ce commerce ne doit point être compté...

Saint Paul a eu raison de dire que la charité l'emporte sur la foi et l'espérance. Nous devons nous tolérer mutuellement, parce que nous sommes tous faibles, inconséquens, sujets à la mutabilité et à l'erreur. La discorde est le grand mal du genre humain, et la tolérance, qui est l'apanage de l'humanité, en est le seul remède et la première loi de la nature. Il n'y a personne qui ne convienne de cette vérité, soit qu'il examine paisiblement la vérité avec ses amis, soit qu'il médite de sang-froid dans son cabinet. Pourquoi donc ces mêmes hommes qui admettent en public l'indulgence, la bienfaisance, la justice, s'élèvent-ils en particulier avec tant de fureur contre ces vertus ? Pourquoi ? c'est que leur intérêt est leur Dieu, c'est qu'ils sacrifient tout à ce monstre qu'ils adorent : ce sont des hypocrites, ce sont des fourbes de religion, l'espèce la plus lâche de toutes.

Quelle idée de croire qu'un prêtre peut vous réconcilier avec la Divinité ! Qu'est-il ce prêtre qui vit de vos faiblesses, pour s'établir médiateur entre le ciel et vous ? Quelle patente a-t-il r çue de Dieu ? Il reçoit de l'argent de vous pour marmotter des paroles, et ont-elles plus de vertu que les sept pseaumes que dit un enfant de chœur le jour de la Toussaint à la première personne qui lui donne deux sols ? Et vous pensez que l'Être des Êtres ratifie les paroles de ce charlatan ! De quel droit un prêtre veut-il empêcher l'homme de cultiver son champ, le marchand d'ouvrir sa boutique, le jour qu'un prêtre étranger veut qu'on célèbre la mémoire d'un inconnu qu'il a mis dans le ciel de son autorité privée ? Ne ferait-on pas mieux de créer des fêtes politiques, dont le but serait d'encourager au travail, plutôt que de laisser subsister tant de fêtes religieuses qui semblent inventées par la fainéantise pour la stérilité des campagnes ? Quand on pense que quarante schismes ont profané la chaire de saint Pierre, et que vingt-sept l'ont ensanglantée, qu'enfin, parmi tant de papes, il y eut un Alexandre vi, dont le nom n'est prononcé qu'avec la même horreur que ceux des Néron et des Caligula ; quand on pense qu'un pontife de Rome avait fait don des pays découverts dans l'Amérique et dans l'Inde à des rois européens, et que si ces habitans qu'ils appelaient barbares et qui étaient plus policés et plus humains que leurs féroces conquérans, refusaient de courber un front docile sous le joug, on était autorisé à les poursuivre par le fer et par le feu, et à réduire à l'esclavage les nations entières. Et c'était le chef de la religion catholique qui donnait à autrui ce qui ne lui appartenait pas, et les conditions stipulées entr'eux étaient la soumission au monarque ou l'esclavage, au pontife le baptême ou la mort !.... Hommes ou démons, qui que vous soyez, oserez-vous justifier les attentats contre la liberté de ces malheureux Indiens par le droit du plus fort, que vous avez vendus sans connaître ? L'argument que vous avez employé pour justifier l'esclavage de ces peuples, a été de dire que c'était le seul moyen que vous ayez pu trouver pour conduire ces malheureux à la béatitude éternelle. S'il existait une religion qui tolérât de pareils forfaits, il faudrait étouffer les ministres sous les débris de leurs autels. Vous avez voulu justifier vos cruautés par le prétexte de la religion, comme si l'on se conciliait l'esprit des peuples en les contrariant sur ce qu'ils ont de plus sacré! N'est-ce pas violer le droit des gens dans un Etat, que d'user de force pour y introduire un culte étranger? Quel droit avez-vous de rendre misérables ceux que vous n'avez pu rendre meilleurs?

Sur le simple exposé de ce contrat inouï, on est saisi d'une telle horreur, que celui qui ne la partage pas est un homme étranger à toute morale, à tout sentiment d'humanité, à toute notion de justice; qui ne mérite pas qu'on raisonne avec lui… Pontife abominable! et si ces contrées dont tu disposais avaient un légitime propriétaire, ton avis était donc qu'on l'en dépouillât? si elles avaient un légitime souverain, ton avis était donc que ses sujets lui fussent infidèles? si elles avaient des Dieux, ton avis était donc qu'elles soient impies? Et ce sont ces mêmes hommes qui béatifient et sanctifient! Si la religion chrétienne autorisait ainsi l'avarice des empires, il faudrait en proscrire à jamais les dogmes sanguinaires; qu'elle rentre dans le néant ou qu'elle désavoue à la face de l'univers les atrocités dont on la charge!!!

Misérables médecins des ames, qui abusez de la crédulité du peuple, enseignez-lui la véritable religion, être soumis à Dieu qui est aussi bon que puissant, qui punit sans cruauté les crimes et récompense avec bonté les actions vertueuses. C'est vous, ministres des autels, qui êtes l'espèce la plus lâche et la plus cruelle. Voulez-vous des barbaries bien avérées, des massacres bien constatés, des ruisseaux de sang qui aient coulé en effet, des pères, des mères, des femmes, des enfans à la mamelle, égorgés et entassés les uns sur les autres? monstres persécuteurs, ne cherchez ces vérités que dans vos annales; vous les trouverez dans les croisades, dans l'épouvantable journée de la Saint-Barthélemy, dans la guerre de la Vendée, que vous avez suscitée et alimentée pendant vingt-cinq ans par vos prétendus miracles de résurrection trois jours après la mort de ces malheureux que vous faisiez mitrailler pour soutenir vos dogmes et conserver le revenu de vos places.

Un miracle est la violation des lois divines, immuables, éternelles. Par ce seul exposé un miracle est une contradiction dans les termes. Une loi ne peut être à la fois immuable et violée; de plus Dieu n'a rien fait sans raison; or, quelle raison le porterait à défigurer pour quelque temps son ouvrage? A-t-on besoin de vos prétendus miracles pour prouver l'existence d'un Dieu que vous ne connaissez que par tradition? Le prophète

Moïse est le seul devant lequel il ait apparu sur le mont Sinaï, dans le buisson ardent, environné de nuages; encore ne l'a-t-il vu que par derrière (*).

Il s'est opéré des prodiges incroyables; mais dans des temps où l'on savait à peine lire et écrire, les miracles sont des préjugés, un préjugé est une opinion; sans jugement, il y a de très bons préjugés; ce sont ceux que le jugement ratifie quand on raisonne. Ceux qui fortifient leur raisonnement par la science, vous diront que les pères de l'Eglise ont avoué souvent eux-mêmes qu'il ne se faisait plus de miracles de leur temps. Saint Chrisostome dit expressément : « Les dons extraordinaires étaient donnés même aux indignes, » parce qu'alors l'Eglise avait besoin de miracles; « mais aujourd'hui ils ne sont pas même donnés aux dignes, » parce que l'Eglise n'en a plus besoin. Ensuite il avoue qu'il n'y a plus personne qui ressuscite les morts, ni même qui guérisse les malades..... Et vous voulez faire revivre les miracles ! Barbares que vous êtes, vous parlez de religion, vous qui au nom de cette même religion avez exercé des cruautés inouies, vous qui avez inondé l'Europe de sang et couvert de corps expirans! L'inquisition, qui relève de nouveau sa tête hideuse, ne fait-elle pas frémir la raison, la nature et la religion ?

Un miracle est-il capable d'anéantir l'évidence d'une vérité démontrée ? Quand un homme aurait le secret de guérir tous les malades, de redresser tous les boiteux, de ressusciter tous les morts d'une ville, de s'élever dans les airs, d'arrêter le cours du soleil et de la lune, pourra-t-il me convaincre par là que deux et deux ne font point quatre ? qu'un fait trois et que trois ne font qu'un ? qu'un Dieu qui remplit l'univers de son immensité a pu se renfermer dans le corps d'un juif ? que l'Eternel peut mourir comme un homme ? qu'un Dieu que l'on dit immuable, prévoyant et sensé, a pu changer d'avis sur sa religion et réformer son propre ouvrage par une révélation nouvelle ? Le christianisme est une impiété, s'il est vrai que le judaïsme ait jamais été une religion réellement émanée d'un Dieu saint, immuable, tout puissant et prévoyant.

Si l'histoire nous apprend que les premiers apôtres fondateurs ou réformateurs des religions ont fait de grands miracles, l'histoire nous apprend aussi que ces apôtres réformateurs et leurs adhérens ont été communément persécutés et mis à mort comme des perturbateurs du repos des nations.

Mourir pour une religion ne prouve pas qu'une religion soit véritable ou divine; cela prouve tout au plus qu'on la suppose

---

Voyez la *Genèse*.

telle. Un enthousiaste en mourant ne prouve rien, sinon que le fanatisme religieux est souvent plus fort que l'amour pour la vie. Un imposteur peut quelquefois mourir avec courage; il fait alors, comme on dit, de nécessité vertu.

Mourir pour une opinion ne prouve pas plus la vérité ou la bonté de cette opinion, que mourir dans une bataille ne prouve le bon droit du prince aux intérêts duquel tant de gens vont s'immoler. Le courage d'un martyr enivré de l'idée d'un paradis, n'a rien de plus surnaturel que le courage d'un homme de guerre enivré de l'idée de la gloire.

Quelle différence trouve-t-on entre un Iroquois qui chante tandis qu'on le brûle à petit feu, et le martyr saint Laurent qui sur le gril insulte son tyran? il n'y en a aucune... Mais les prêtres vous disent : Immolez votre raison, renoncez à l'expérience, défiez-vous du témoignage de vos sens, soumettez-vous sans examen à ce que nous vous annonçons au nom du ciel. Tel est le langage uniforme de tous les prêtres du monde; ils ne sont d'accord sur aucun point des principes qu'ils nous présentent comme les plus importans à notre félicité. Aussi, en matière de religion, un curé, un prêtre ignorant, deviennent les maîtres des pensées. Voilà sans doute pourquoi la foi trouve tant de partisans sur la terre..... Partout la religion ne semble avoir été imaginée que pour endormir les peuples dans les fers, afin de fournir à leurs maîtres la facilité de les dévorer ou de les rendre impunément malheureux.

Lorsqu'on commença à persécuter en France les protestans, ce ne fut ni François 1er, ni Henri ii, ni François ii, qui épièrent ces malheureux infortunés, qui s'armèrent contr'eux d'une fureur réfléchie, et qui les livrèrent aux flammes pour exercer sur eux leur vengeance. Parmi tant de rois qui ont occupé le trône de France, on ne peut envisager sans horreur l'exécrable Charles ix, ce prince cruel qui s'est fait une fête du tourment de son peuple, et qui a fait massacrer tout ce qui n'était pas de sa croyance : il en tua de sa propre main au Louvre; ce prince était bien digne d'être le fils d'une Médicis. Louis xiv, prince magnanime et éclairé, dans le déclin de ses ans est tombé dans le bigotisme; les jésuites, qui avaient l'oreille du monarque, lui ont fait croire que pour mériter le ciel il fallait exterminer tous les huguenots. Le Midi a été teint du sang des malheureuses victimes; ceux qui avaient échappé à cette horrible boucherie, ont été chassés du royaume; et a écrasé d'impôts les sujets de sa croyance qui lui restaient. Voilà l'ouvrage d'un père Letellier, un des plus zélés disciples de la compagnie de Jésus mourant.

Il est vrai qu'à ces exemples de barbarie on peut opposer des modèles de bienfaisance, surtout dans la personne du roi Henri IV, de glorieuse mémoire; il n'écrasait pas son peuple d'impôts pour remplir ses coffres, la bourse de ses sujets lui était ouverte; il est vrai aussi, qu'il avait pour ministres les Sully et les Colbert.

Un jour un ambassadeur demandait à Henri IV combien le royaume de France rapportait de millions; je n'en sais rien, répond le prince; quand j'ai besoin d'argent la bourse de mes bien aimés sujets m'est ouverte...... Quels sont les rois qui pourraient en dire autant? Ils peuvent dire la France me rapporte tant de millions par les impôts énormes que je mets sur le peuple; le peuple est dans la plus affreuse misère, il faut que les impôts se payent; le peuple est sans ouvrage et sans subsistance, n'importe, il faut qu'il paye les contributions dont il est chargé. On pourrait croire que tous les princes qui ont été placés sur le trône et qui ont tyrannisé le peuple, y ont été mis de la main de Satan. Tant de tyrans et de mauvais princes, à qui leur conscience reproche sans cesse leur perversité, loin de craindre leur Dieu, aiment bien mieux avoir affaire à ce juge invisible qui jamais ne s'oppose à rien, ou à ces prêtres, toujours faciles pour les maîtres de la terre, qu'à leurs propres sujets; les peuples réduits au désespoir pourraient bien appeler comme d'abus des droits divins de leurs chefs. Les hommes, quand ils sont excédés, prennent de l'humeur quelquefois, et les droits divins du tyran sont alors forcés de céder aux droits naturels des sujets opprimés. On a meilleur marché des Dieux que des hommes. Les rois ne doivent compte de leurs actions selon eux qu'à Dieu seul; les prêtres n'en doivent compte qu'à eux-mêmes. Il y a tout lieu de croire que les uns et les autres se tiennent plus assurés de l'indulgence du ciel que de celle des hommes. Il est bien plus aisé d'échapper au jugement des Dieux, que l'on peut appaiser à peu de frais, qu'au jugement des hommes dont la patience est épuisée.

On dirait que les rois, les ministres et les prêtres n'ont pour objet que d'empêcher les nations de songer aux vraies sources de leur misère, et se sont proposé de les rendre éternelles; ils se conduisent l'un et l'autre à peu près comme ces malheureuses mères indigentes de 1816 et 17, qui faute de pain, endormaient leurs enfans affamés par des chansons, ou qui leur présentaient des jouets pour leur faire oublier le besoin qui les tourmentait...... Peuples crédules! dans vos infortunes redoublez vos prières, vos offrandes, jeûnez dans le sac et la cendre; abreuvez-vous de vos propres larmes, c'est ce que vous ordonne le saint mandement de messieurs les vicaires-généraux de la métropole de Paris; achevez surtout de vous épuiser pour enrichir les prêtres qui prient pour vous, et les rois qui vous gouvernent.

Cependant, malgré vos dons et leurs prières, les Dieux du ciel ne vous seront propices que quand les dieux de la terre reconnaîtront qu'ils sont des hommes comme vous. Les princes ambitieux et pervers sont les causes réelles des malheurs publics; les gouvernemens avides et despotiques qui enchaînent même jusqu'à la pensée, anéantissent pour les hommes les bienfaits de la nature. La rapacité des cours décourage l'homme, éteint l'industrie, fait naître la disette, la contagion, la misère....

En 1816 et 17, la mer et la Seine étaient couvertes de vaisseaux chargés de grains; les magasins depuis le Havre jusqu'à Paris étaient remplis de blé et de farine, et le sac de blé valait depuis 80 jusqu'à 100 francs, et la récolte offrait alors le plus brillant aspect. Tantale au milieu des eaux ne pouvait se désaltérer, et les Français au sein de l'abondance mourraient de faim. Le ciel n'est ni sourd, ni cruel aux vœux du peuple, ce sont leurs chefs orgueilleux qui ont un cœur d'airain. Rien de plus rare dans l'histoire que de trouver des princes équitables, vigilans, éclairés; un monarque peut être pieux, exact à remplir servilement les devoirs de sa religion, très soumis à ses prêtres, libéral à leur égard, et se trouver en même-temps dépourvu de tous les talens nécessaires pour gouverner.

Un prince dévot, imbécille et tyran, qui pendant son règne n'aura fait qu'opprimer son peuple, lui arracher les fruits de ses travaux pour payer des dettes qu'il aura contractées chez les puissances étrangères dans ses courses vagabondes; qui sur le plus léger mot fait incarcérer, déporter, égorger ses sujets sur un simple mot reconnu de lèse-majesté aux yeux d'un tribunal inique, s'imagine que quand il aura entendu la messe, que sa conscience peut se tranquilliser; quand pour expier tant de forfaits il aura pleuré aux pieds d'un prêtre qui aura la lâche complaisance de consoler et de rassurer un brigand que le plus affreux désespoir punirait trop faiblement du mal qu'il a causé à ses sujets.

C'est en vain que le tyran couvert de l'égide de la religion se flatte d'être à l'abri des coups du sort; l'opinion est un faible rempart contre le désespoir des peuples opprimés. Vous dites, prêtres du Seigneur, que les passions rendent le peuple incrédule; qu'il ne renonce à la religion que par intérêt ou parce qu'elle contredit ses penchans déréglés; eh! vous-mêmes, en défendant cette religion et ses chimères, êtes-vous donc vraiment exempts de passions ou d'intérêts? Qui est-ce qui retire les émolumens de cette religion pour laquelle les prêtres font éclater tant de zèle? ce sont les prêtres. A qui la religion procure-t-elle du pouvoir, du crédit, des honneurs, des richesses? c'est aux prêtres. Qui est-ce qui fait la guerre en tout pays à la raison, à la science, à la vérité, à la philosophie, et les rend odieuses aux souverains et aux peuples? ce sont les prêtres.

Rien de plus ruineux pour une nation que le culte de ses Dieux; quels avantages réels les organes du Très-Haut procurent-ils donc aux peuples pour les profits immenses qu'ils en tirent? En échange de leurs richesses et de leurs bienfaits, leur donnent-ils autre chose que des mystères, des hypothèses, des cérémonies? Fourbes persécuteurs, n'êtes-vous pas les tyrans de la pensée?

N'avez-vous pas poursuivi, persécuté, fait incarcérer Voltaire, Jean-Jacques, Raynal, et tant d'autres grands hommes qui dévoilaient votre turpitude?

Qui est-ce qui profite sur la terre de l'ignorance des hommes et de leurs vains préjugés? ce sont les prêtres. Vous êtes récompensés, honorés par les rois et payés pour tromper les hommes; leurs folies vous procurent des bénéfices, des offrandes, des expiations; les vérités ne procurent à ceux qui les annoncent que des chaînes et des lettres de cachet. Que le monde entier juge entre vous et les philosophes.

Si quelqu'homme peut ressembler à cet être malfaisant qu'on nous peint à détruire l'ouvrage de la Divinité, n'est-ce pas le persécuteur, et ces persécuteurs ne sont-ils pas ses ministres. La puisssance sacerdotale a toujours été fatale au monde; c'est cette même puissance qui a fait couler le sang à grands flots dans toute l'Europe depuis vingt-cinq ans; c'est elle qui a secoué le flambeau de la discorde, et si l'on n'y prend garde, cette puissance releve la tête bien haut.

C'est par préjugé qu'on respecte un homme révêtu de certains habits, marchant gravement, parlant de même; vos parens vous ont dit que vous deviez vous incliner devant cet homme, vous le respectez avant de savoir s'il mérite vos respects; vous croissez en âge et en connaissances, vous vous apercevez que cet homme est un charlatan pétri d'orgueil et d'artifices: vous méprisez ce que vous révériez, et le préjugé cède au sentiment.

Après notre sainte religion, qui sans doute est très bonne et qui doit inspirer le plus de tolérance, quoique jusqu'ici les chrétiens aient été les plus intolérables de tous les hommes, quelle serait la moins mauvaise?.. ne serait-ce pas la plus simple? ne serait-ce pas celle qui enseignerait beaucoup de morale et très peu de dogmes? celle qui tendrait à rendre les hommes justes, sans les rendre absurdes? celle qui n'ordonnerait point de croire des choses impossibles, contradictoires, injurieuses à la divinité et pernicieuses au genre humain, et qui ne menacerait point des peines éternelles quiconque aurait le sens commun? ne serait-ce point celle qui ne soutiendrait point sa croyance par des bourreaux et qui n'inonderait pas la terre de sang pour des sophismes inintelligibles? celle dans laquelle un équivoque, un jeu de mots, et deux ou trois chartes supposées ne feraient pas un souverain et un Dieu d'un prêtre souvent incestueux, homicide et empoisonneur? celle qui ne soumettrait point les rois à ce prêtre, celle qui n'enseignerait que l'adoration d'un Dieu, la tolérance et l'humanité? Le pape Clément VI, par une bulle du 20 avril 1351, datée d'Avignon, qui est rapportée dans le recueil de dom Dacheri, religieux bénédictin, tome IV, page 275, donne au confesseur du roi de France Jean et de la reine Jeanne, sa seconde femme, le pouvoir de les délier pour le passé, le présent et l'avenir, de tous les engagemens, même appuyés de sermens, qu'ils ne pourraient observer sans incommodité, grâce qui s'est étendue à leur successeurs à perpétuité.

Le cardinal de Richelieu fit demander au pape, sous le nom du roi, par le cardinal Bagny, un bref qui permît de faire mourir, sans charge de conscience, des personnes dans les prisons, par les voies secrètes, sans forme de procès. Aussi ce cardinal s'est-il bien acquitté de cette commission pendant le règne de son ministère.

Les ministres de 1820 ne demandent permission à personne et font des lois arbitraires et discrétionnaires, ce qui équivaut à la demande du cardinal de Richelieu. On verra donc les Français gémir et périr d'inanition dans les cachots, par la seule volonté des ministres. Si au moins ils en eurent demandé la permission au pape, leur conscience eût été à l'abri; mais peut-être en recevront-ils une lettre de félicitations, comme Phocas, simple centenier, élu chef des révoltés, s'étant emparé de Constantinople et ayant massacré l'empereur Maurice et sa famille, fut couronné empereur le 23 septembre 602 par le patriarche Chiriaque. Qui croira que le pape saint Grégoire fut le premier qui écrivit à cet indigne empereur une lettre de félicitations sur ses succès! Une félicitation est bien une absolution.

Pourquoi ne dit-on pas à ce chef orgueilleux de la religion : Renoncez à cet indigne monopole qui vous dégrade et qui déshonore, et le Dieu que vous prêchez, et le culte que vous professez. Simplifiez votre doctrine, purgez-la d'absurdités; le monde est trop éclairé pour se repaître plus longtemps d'incompréhensibilités qui répugnent à la raison; revenez à une morale praticable et sociale; passez de la réforme de votre théologie à celle de vos mœurs. Votre intolérance et les voies odieuses par lesquelles vous avez acquis et vous entassez encore richesses sur richesses, ont fait plus de mal à vos opinions que tous les raisonneurs de l'incrédulité. Un bon gouvernement n'est pas troublé par la diversité des opinions religieuses, et un christianisme bien entendu ne proscrit pas la liberté de conscience.

Il n'y a pas un peuple sur la terre qui ne croie qu'il doit y avoir un Être Suprême qui a tout créé et qui régit tout; qui juste, doit punir les méchans et récompenser les bons; tous se sont efforcés de rendre sensibles les idées qu'ils avaient de ce Créateur et Régisseur de l'univers; tous ont voulu l'adorer, le prier, lui obéir, et tous ont élevé des temples, des autels et établi des sacrificateurs, des prêtres, des pontifes chargés spécialement de rendre les devoirs d'adoration à cette Divinité, de demander ses bontés, de l'en remercier, d'implorer sa miséricorde, de recevoir, de communiquer et de faire exécuter ses ordres; mais non pas de les piller, de les voler, et de vendre des indulgences pour des crimes commis.

Ces prêtres, ces pontifes, ces chefs du culte divin avaient une facile et grande puissance sur les peuples; sans force réelle, ils s'en faisaient aimer, craindre, respecter, obéir; les rois même les redoutaient.

La puissance de la religion et celle de la royauté sentirent bientôt qu'elles se détruiraient si elles étaient séparées de vues et d'intérêts; mais qu'en agissant ensemble, elles réussiraient à établir et à maintenir leur domination sur les peuples, à les effrayer, les tromper, les forcer à supporter patiemment les chaînes de l'esclavage dont ils sont chargés depuis bien des siècles.

Comment un prêtre qui a fait serment d'être pauvre, court-il après les biens et les honneurs de ce monde?

Ils disent : Pourquoi n'accumulerions-nous pas des biens et des honneurs? pourquoi ne serions-nous pas princes, certains évêques le sont bien? Ils étaient originairement pauvres comme nous, ils se sont élevés; l'un d'eux est devenu supérieur aux rois : laissez-nous les imiter autant que nous pourrons.

D'après une ambition aussi démesurée et contraire à leur institut, puisque Jésus n'institua point de hiérarchie ecclésiastique de son vivant, on peut leur dire avec vérité : Vous avez raison, Messieurs, envahissez la terre, elle appartient au fort ou à l'habile qui s'en empare; vous avez profité des temps d'ignorance, de superstition, de démence, pour nous fouler à vos pieds, pour vous engraisser de la subsistance des malheureux; vous avez également profité de la crédulité des rois pour posséder aussi longtemps une dignité et une puissance que l'ignorance et la crédulité ont fondées ; vous voulez marcher de nouveau sur les têtes des hommes prosternés à vos pieds ; mais s'ils vous regardent en face, vous êtes perdus.

On sait que de tous temps les rois, d'intelligence avec les prêtres, ont réussi à maintenir le peuple sous le joug. Les rois se croyant en possession du pouvoir de faire impunément les plus grands, les plus horribles crimes, ils furent excités, encouragés par les prêtres à les commettre, parce que les crimes des rois leur procuraient des richesses immenses, et leur assuraient la jouissance secrète et tranquille d'une puissance très grande et réelle sur les peuples.

Hugues Capet devenu roi de France à force de crimes et de perfidies, crut, sur la parole des prêtres, en obtenir le pardon de Dieu en donnant sa maison pour bâtir à Paris l'église de Saint-Barthélemy, proche le Palais.

Robert, son fils, menacé, excommunié par le clergé, pour obtenir la tranquillité et le ciel, donna la sienne pour bâtir le prieuré de Saint-Martin. Ainsi ont raisonné des hommes que des siècles de fanatisme ont rendu puissans. Ils ont d'autres puissans sous eux, et ceux-ci en ont d'autres encore, qui tous s'enrichissent des dépouilles du pauvre, s'engraissent de son sang ; ce sont des vampires qui sucent le sang des vivans et des morts et rient de leur imbécillité. Pour comble enfin, ils soudoient des fanatiques qui crient à haute voix : Respectez les absurdités de mon maître ; tremblez, payez et taisez-vous.

La révolution que vous avez fomentée vous avait privés de tous les honneurs, biens et dignités dont vous n'eussiez jamais dû jouir dans ce monde... Après cette révolution orageuse, un gouvernement plus sage vous a fait de nouveau ministres des autels et avait posé des bornes à vos ridicules prétentions ; mais la chute de ce gouvernement vous a fait sortir des limites que la raison et la véritable religion vous avaient prescrites : vous vous êtes répandus sur la surface du royaume comme un torrent qui déborde ; vous avez prêché l'assassinat dans les temples contre celui à qui vous prodiguiez l'encens avant sa retraite, et vous eussiez assassiné vous-mêmes le premier qui vous eût contredit.

Mais on n'est point surpris de votre conduite quand on sait que le moine Clément assassina Henri III ; que le catholique Ravaillac assassina Henri IV ; que l'illuminé Damiens, élève des jésuites, assassina Louis XV, et que cette quantité d'imbécilles qui, trompés par les ministres de la religion, ont commis de sang-froid ces crimes réfléchis, ont cru mériter le ciel.

Lorsqu'on exerça en France des cruautés abominables contre

les protestans, après la révocation de l'édit de Nantes, des évêques firent l'apologie de l'oppression, et soutinrent que Jésus-Christ avait ordonné de lui faire des disciples à force de coups. Le plus grand nombre des évêques français, Bossuet même, consultés par Louis xiv, décidèrent que l'autorité souveraine devait s'armer et traîner les armes à la main les sujets à l'autel des catholiques romains, et ce monarque, pour le malheur des Français, eut la barbare faiblesse de suivre leur affreux conseil, fit banqueroute, ruina son peuple, et mourut détesté et méprisé des Français vertueux.

Persécuteurs infâmes, et vous, dévots antropophages! ne sentirez-vous jamais la folie et l'injustice de votre humeur intolérante? Ne savez-vous pas que l'homme n'est pas plus le maître de ses opinions religieuses, de sa crédulité ou de son incrédulité, que de la langue qu'il apprend dès l'enfance et qu'il ne peut plus changer?

Princes aveugles et dévots! vous haïssez, vous persécutez, vous envoyez au supplice des hérétiques, parce qu'on vous persuade que ces malheureux déplaisent à Dieu... Mais ne dites-vous pas que votre Dieu est rempli de miséricorde et de bonté? Comment espérez-vous lui plaire par des actes de barbarie qu'il doit nécessairement désapprouver? D'ailleurs, qui vous a dit que leurs opinions déplaisent à votre Dieu? Ce sont vos prêtres. Mais qui vous garantit que vos prêtres ne se trompent pas eux-mêmes ou ne veulent pas vous tromper? Princes, c'est donc sur la périsseuse parole de vos prêtres que vous commettez les crimes les plus atroces et les plus avérés, dans l'idée de plaire à la Divinité?

Alors, on ne doit point être surpris qu'ils aient prêché le meurtre et l'assassinat, et cela pour se rendre agréables à Dieu. Que dis-je? ils n'en ont pas: c'est l'or qui est leur Dieu. Ils sont maintenant à la piste des places et des pensions; quels services a rendu l'ordre ecclésiastique à l'Etat, pour obtenir des honneurs, des places et des pensions? Est-ce pour avoir refusé de remplir le déficit en 88, ce qui a fait éclore la révolution en 89 et a conduit Louis xvi et sa famille sur l'échafaud? Est-ce pour avoir suscité toutes les puissances de l'Europe contre la France leur patrie? Est-ce pour avoir fait couler le sang de vingt-cinq millions d'hommes? Certes, si le crime mérite des honneurs et des pensions, l'état ecclésiastique dans lequel il a pris naissance les mérite seul.

Dans quel abîme de maux n'a-t-il pas précipité la France ainsi que la noblesse?

On peut verser des larmes sur le génie persécuté, sur la vertu malheureuse, et verser l'imprécation et l'ignominie sur ceux qui trompent les hommes et sur ceux qui les oppriment.

Oui, sans doute, les rois imbécilles ont besoin de prêtres pour faire adorer des Dieux tyrans et maintenir leur autorité; mais l'homme juste et libre ne demande qu'un Dieu qui soit son père, des égaux qui le chérissent, et des lois qui le protègent. Il n'ignore pas que la religion fut partout une invention d'hommes adroits et politiques, qui, ne trouvant pas en eux-mêmes les moyens de gouverner leurs semblables à leur gré, cherchèrent dans le ciel la force qui leur manquait, et en firent descendre la terreur. Leurs rêveries furent admises dans toute leur absurdité.

La philosophie est venue au secours de la morale et de la raison; elle a toujours parlé de l'humanité que vous autres prêtres imposteurs n'avez cessé d'appeler un cri de révolte contre la religion, qui redoutiez secrètement les progrès de la raison.

L'Église romaine avait détruit, autant qu'il est possible, les principes de justice que la nature a mis dans tous les hommes. Ce seul dogme qu'au pape appartient la souveraineté de tous les empires, renversait les fondemens de toute société, de toute vertu politique. Cependant cette maxime avait régné longtemps avec le dogme affreux qui permettait, qui ordonnait même de haïr, de persécuter tous les hommes dont les opinions sur la religion n'étaient pas conformes à celles de l'Eglise romaine. Les indulgences, espèce d'expiations vendues pour tous les crimes, et, si vous voulez quelque chose de plus monstrueux, des expiations pour tous les crimes à venir, la dispense de tenir sa parole aux ennemis du pontife, fussent-ils de sa religion, cet article de croyance où l'on enseigne que le mérite du juste peut être appliqué au méchant, les exemples de tous les vices dans la personne du pontife et dans les hommes sacrés destinés à servir de modèle au peuple, enfin le plus grand des outrages faits à l'humanité, l'inquisiton :

Toutes ces horreurs devaient faire de l'Europe un repaire de tigres, plutôt qu'une vaste contrée habitée et cultivée par des hommes. Beaucoup de personnes éclairées sont guéries des superstitions de Rome; elles sont blessées de l'abus que les papes font de leur autorité; des tributs qu'ils levaient et lèvent encore sur les peuples; de la vente des expiations, et surtout de ces subtiles absurdités dont ils ont chargé la religion simple de Jésus.

Jésus n'enseigna aucun dogme métaphysique; il ne dit point j'ai deux natures et deux volontés. C'est à Calcédoine où s'est décidée la fameuse question des deux natures en Jésus-Christ, et c'est au concile de Nicée où a été foudroyée l'hérésie d'Arius et de Nestorius, qui n'admettaient qu'une nature en Jésus-Christ. Jésus cacha toujours le mystère de son incarnation et de sa dignité; il ne dit point qu'il était égal à Dieu. Saint Paul dit expressément dans son Epître aux Hébreux, que Dieu a créé Jésus inférieur aux anges; et, malgré toutes les paroles de saint Paul, Jésus a été reconnu Dieu au concile de Nicée. C'est aussi à ce concile où sainte Anne reçut le brevet de sainteté.

Jésus n'a point argumenté pour savoir si sa mère a été conçue dans le péché originel; il n'a jamais dit que le mariage était le signe visible d'une chose invisible; il n'a jamais dit aux Juifs qu'il était né d'une vierge; il ne parla pas des sept sacremens; il n'institua point de hiérarchie ecclésiastique de son vivant; il ne fut aux yeux des hommes qu'un prophète, mais moins heureux que Moïse et Mahomet, puisqu'il fut persécuté par ses envieux et condamné à la mort par des magistrats prévenus, pour avoir fait une religion.

Il n'a point fait du mariage un sacrement, c'est un évêque de Rome qui l'a institué pour enrichir le trône papal. Tout le monde sait qu'avec une dispense l'oncle peut épouser sa nièce. Cette dispense est de droit divin.

On peut, en payant, obtenir de son curé une dispense de faire maigre.

Mais Dieu a-t-il dit qu'il fallait se priver des alimens les plus salutaires pour lui plaire? Dieu est le père de tous les hommes; il permet à tous de manger gras et maigre : le plus digne hommage qu'on puisse lui rendre est d'être vertueux; un cœur pur est le plus beau de tous ses temples.

Comment ne conçoit-on pas que la divine Providence, qui veille sans cesse à notre conservation en nous présentant des alimens qui nous sont propres, et en perpétuant sans interruption le besoin que nous en avons, nous en permet un libre usage? Que si le Ciel se courrouçait lorsque nous en mangeons dans un temps prohibé, il n'y a sur la terre aucune autorité qui pût nous dispenser de lui obéir? Qu'on abuse de notre crédulité et que, par un trafic infâme, un être qui n'est pas plus que vous, une créature qui n'est rien aux yeux de son maître et du vôtre, s'arroge le droit de vous commander en son nom ou de vous affranchir de ses ordres pour une pièce d'argent; cette pièce d'argent la prend-il pour lui ou la donne-t-il à son Dieu? son Dieu est-il indigent? vit-il de ressources? thésaurise-t-il? S'il est, dans une autre vie, un juge rénumérateur des vertus et vengeur des crimes, ni l'or que vous aurez donné, ni les pardons que vous aurez acquis avec cet or, ne feront point incliner la balance. Que si sa justice vénale se laissait corrompre, il serait aussi vil que ceux qui siègent dans vos tribunaux. Que si son représentant avait pour lui-même le pouvoir qu'il vous a persuadé qu'il avait pour vous, il serait impunément le plus méchant des hommes, puisqu'il n'y aurait aucun forfait dont il ne possédât l'absolution.

La multiplicité des temples et des prêtres dispersés dans les villes n'est pas ce qui est le plus propre à maintenir, à perpé- tuer une religion, avec les sacrifices, les cérémonies, les prières, les discours, qui, par leur nombre, leur publicité, leur fréquente répétition, sont exposés au rebut des sens fati- gués du mépris de la raison clairvoyante, à des profanations dangereuses, ou à un oubli, à un abandon que le clergé re- doute encore plus que des sacriléges.

Observez bien que les églises desservies par le clergé qui n'aurait aucune subsistance, deviendraient des magasins de superstitions à la charge du bas peuple. N'est-ce pas là que se fabriquent les saints, les miracles, les reliques, toutes les in- ventions dont l'imposture a accablé la religion? Le bien d'un empire veut que le clergé ait une subsistance assurée, très modique, qu'elle borne nécessairement le faste du corps et le nombre de ses membres. La misère le rend fanatique, l'opu- lence le rend indépendant, l'un et l'autre le rendent séditieux.

Les prêtres, sans être ni sorciers ni théologiens, en savent assez pour concevoir, comme d'autres, qu'on ne trompe le peuple que par des mystères. Ils n'ignorent pas que la religion fut partout une invention d'hommes adroits et politiques qui, ne trouvant pas en eux-mêmes les moyens de gouverner leurs semblables à leur gré, cherchèrent dans le ciel la force qui leur manquait, et en firent descendre la terreur. Leurs rêveries furent admises dans toute leur absurdité.

La religion, tristement occupée de ses sombres rêveries, ne nous représente l'homme que comme un pèlerin sur la terre; elle en conclut que pour voyager plus sûrement, faire bande à part, renoncer aux douceurs qu'ils rencontrent, se priver des amusemens qui pourraient le consoler des fatigues et des ennuis de la route. Mais la philosophie, plus raisonnable, nous invite à répandre des fleurs sur le chemin de la vie, à en écarter la mélancolie et les terreurs paniques, à nous lier d'in- térêt avec nos compagnons de voyage, à nous distraire par la gaîté et par des plaisirs honnêtes, des peines et des traverses auxquelles nous nous trouvons si souvent exposés; elle nous fait sentir que pour voyager avec agrément nous devons nous abstenir de ce qui pourrait nous devenir nuisible à nous-mêmes, et fuir avec soin ce qui pourrait nous rendre odieux à nos sem- blables.

Ce ne fut que par les progrès de la civilisation et des lumières que les hommes s'enhardirent à les examiner, et qu'ils commencèrent à rougir de la croyance qu'ils s'efforçaient de persuader.

Des préjugés absurdes ont dénaturé partout la raison humaine, et étouffé jusqu'à cet instinct qui révolte tous les animaux contre l'oppression et la tyrannie.

Des peuples immenses se regardent de bonne foi comme appartenant en propriété à un petit nombre d'hommes qui les oppriment.

Tels sont les funestes progrès de la première erreur que l'imposture a jetée ou nourrie dans l'esprit humain. Heureux l'homme qui n'est point infecté d'erreurs ! Un des principaux avantages qu'il pourrait en retirer serait de se délivrer de ces vieux préjugés, que l'inexpérience de sa longue enfance et que les premiers instituteurs enfantèrent, qui furent consacrés par le temps et qui se maintinrent contre la raison et les faits, soit par la pusillanimité qui craint toute innovation, soit par un respect imbécille pour tout ce qui date de loin.

Ce corps puissant a toujours fait le mal et le fera toujours si le gouvernement ne le surveille de très près, et ne supprime les droits et attributs qu'il s'est appropriés, surtout de suspendre le travail des sujets de sa religion autant de fois qui lui convient de les appeler dans ses temples. Ce corps leur prêche que le plus puissant des souverains est aussi vil devant l'Être Suprême que le dernier esclave ; aux yeux de la Divinité tous les hommes sont égaux. Ce corps puissant leur enseigne qu'étant l'organe du Créateur de toutes choses, il doit être cru de préférence aux rois de la terre.

Il n'y aurait donc que ce corps de grand et d'agréable aux yeux de la Divinité ! Et quelles doivent être les suites d'un pareil système ? de menacer la société de troubles interminables jusqu'à ce que les ministres de la religion soient dans la dépendance absolue du magistrat ; et ils n'y seront efficacement qu'autant qu'ils tiendront de lui leur subsistance. Jamais on ne pourra établir de concert entre les prétendus oracles du Ciel et les maximes du gouvernement que par cette voie. Alors le sacerdoce étant dans cet état, il sera dans l'impuissance de faire le mal.

Les curés ne prêcheront plus dans leurs chaires avec véhémence, et menaçant l'auditoire de leurs yeux, comme l'a fait le prêtre Hamelin, curé d'Andely, le jour de la bénédiction du drapeau de la garde nationale, en disant : « Il y a longtemps qu'on nous mène, mais on ne nous mènera plus maintenant ; c'est à notre tour à mener ! » L'auditoire en a été indigné.

L'homme éclairé doit avoir une idée juste des prétentious ridicules du clergé et de leur superstition ; elle retarde les progrès de la population ; elle consacre à des pratiques inutiles le temps destiné aux travaux de la société ; elle dépouille l'homme laborieux pour enrichir un prêtre oisif et dangereux ; elle arme les citoyens les uns contre les autres pour des sujets frivoles ; elle donne, au nom du Ciel, le signal de la révolte ; elle soustrait ses ministres aux lois, aux devoirs de la société ; en un mot, elle rend les peuples malheureux, et donne des armes au méchant contre le juste. Est-il rien de plus capable de rendre ces hommes fourbes, altiers et vains, que la prétention d'exercer un pouvoir émané du Ciel, de posséder un caractère sacré, d'être les envoyés et les ministres du Très-Haut ?

Le curé d'un village y joue un bien plus grand rôle que le grand propriétaire que l'on qualifie de seigneur.

Les prêtres ont-ils donc bien le droit d'accuser les incrédules d'orgueil ? Se distinguent-ils eux-mêmes par une rare modestie ou par une profonde humilité ? N'est-il pas évident que le désir de dominer les hommes est de l'essence de leur métier, comme de s'emparer de tout ce qui est à leur convenance ?

Le curé Hamelin, quelques jours avant sa mort, n'a-t-il pas voulu s'emparer du tronc de Sainte-Clotilde au détriment de celui qui payait 900 francs par an, à qui il appartenait de droit ?

Prêtres, si vous étiez vraiment modestes, vous verrait-on si avides de richesses, de respects, si prompts à vous irriter, si décisifs, si cruels à vous venger de ceux dont les opinions blessent votre prétendue conscience, dont vous avez sans cesse le mot à la bouche ? Quelle autre passion qu'un orgueil effréné peut vous rendre si farouches, si vindicatifs, si dépourvus d'indulgence ?

La politique devenue plus éclairée, a dépouillé le clergé des biens immenses que la crédulité avait accumulés dans ses mains. Cet exemple mémorable ne devrait-il pas faire sentir aux prêtres mêmes que les préjugés n'ont qu'un temps..... Tout homme qui aurait l'intrépidité d'annoncer des vérités au monde, sûr d'attirer la haine des ministres de la religion, ceux-ci appelleraient les puissances à leur secours ; ils ont besoin de l'assistance des rois pour soutenir leurs argumens et leurs Dieux. Ces clameurs ne décèlent que trop la faiblesse de leur cause.

Il n'est point permis d'errer en matière de religion ; sur tout autre objet on peut se tromper impunément ; on a pitié de ceux qui s'égarent, et l'on sait quelque gré aux personnes qui découvrent des vérités nouvelles. Mais dès que la théologie se juge intéressée, un saint zèle s'allume, et les théologiens sont en guerre ouverte avec les philosophes qui annoncent la vérité.

Est-il rien de plus affligeant que de voir la félicité publique et particulière dépendre d'une science futile, dépourvue de principes, qui n'eût jamais de base que dans l'imagination malade?

En quoi peut consister l'utilité d'une religion que personne ne peut comprendre, qui tourmente sans cesse ceux qui ont la simplicité de s'en occuper, qui est incapable de rendre les hommes meilleurs, et qui souvent leur fait un mérite d'être injustes et méchans ?

La religion n'a fait en tout temps que remplir l'esprit de l'homme de ténèbres, et le retenir dans l'ignorance de ses vrais devoirs et de ses intérêts véritables. La religion, habillée telle qu'elle est par ses ministres, nous donne le change sur les causes de nos maux et sur les remèdes que nous pourrions y appliquer.

Les prêtres ne seront respectés que quand ils deviendront citoyens, et qu'au lieu de remplir les esprits de la jeunesse de fables, de dogmes stériles, de puérilités, ils leur apprendront des choses vraies et à en faire des citoyens utiles à la patrie.

Sages de la terre, philosophes de toutes les nations, c'est à vous seuls à faire des lois; ayez le courage d'éclairer vos concitoyens, malgré les entraves qu'ont mis les ministres par la suppression de la liberté de la presse, et soyez persuadés que si la vérité est plus lente à se répandre et à s'affermir que l'erreur, elle est aussi plus solide et plus durable. Les erreurs passent et les vérités restent. Les hommes intéressés par l'espoir du bonheur dont vous pouvez leur montrer la route, vous écouteront avec empressement. Apprenez-leur que la liberté vient de Dieu; l'autorité, des hommes. Révélez tous les mystères qui tiennent les hommes à la chaîne et dans les ténèbres, et que s'apercevant combien on se joue de sa crédulité, le peuple éclairé sur ses vrais intérêts venge enfin la gloire de l'espèce humaine.

La France est imbue de ces principes sublimes; elle en a donné des preuves non équivoques depuis 89. Mais, depuis l'an 14, elle est tombée dans un état d'anéantissement et de calme apparent et de stupeur, qui ferait penser que ce ne sont plus ces mêmes Français qui se sont levés en masse pour conquérir et maintenir leur liberté. Il est vrai que nos augustes alliés étaient là.

Plus le calme qui succède aux guerres de deux partis, qu'on peut appeler civiles, rend les peuples redoutables à leurs voisins, plus les troubles de la dissention qui les divisent, les exposent à l'invasion et à l'oppression. C'est ce qui est arrivé en 1814 et plus encore en 1815, et ce qui existe en 1820. La conduite dépravée et ambitieuse du clergé qui joue un grand rôle à la cour, favorise encore aujourd'hui plus que jamais l'oppression sur le peuple, afin d'établir plus solidement sa domination.......

L'opinion la plus absurde en religion sera toujours l'orthodoxe, parce qu'elle sera toujours plus unie avec le reste du système. En politique, le parti que le ministère prendra sera toujours le plus analogue à l'esprit tyrannique, le seul qu'on ait décoré du nom de grand art de gouverner ; c'est précisément ce qu'ambitionnaient les ministres de Louis XVIII, et que la majorité des deux chambres leur a accordé.

Une autorité en proie aux prêtres et aux souverains qui se disputent le droit de commander aux hommes, des lois politiques et civiles sans cesse en contradiction avec la religion, une administration inquiète et entreprenante, qui pour dominer avec plus d'empire oppose continuellement une partie de l'Etat à l'autre partie, tous ces germes de troubles doivent entretenir dans les esprits une fermentation violente ; serait-il surprenant qu'au milieu de ces mouvemens, la nature s'éveille encore une fois, et crie au fond des cœurs l'homme est né libre.

Qu'a produit l'invasion des soit-disant alliés sur le territoire Français ? La misère et la désunion d'une patrie de ses habitans ; ils ont pillé, ravagé, égorgé, incendié les départemens qu'ils ont parcourus et dont ils sont restés longtemps paisibles possesseurs ; les Français qui n'en furent pas victimes gémissent, et leur postérité gémira longtemps sous le poids des impôts énormes, et par les 750 millions imposés par les quatre puissances, sans compter les secrètes, qui ne sont connues que du cabinet. Que deviendront les victimes du gouvernement, toutes les familles ruinées par le dégât des armées, d'hommes éclairés sans emploi, des milliers de malheureux ouvriers répandus sur la surface du royaume, qui naguère employaient leurs bras dans les ateliers de différentes espèces, et qui aujourd'hui sont fermés faute de commerce et de débouchés pour nos manufactures nationales, qui ont fait éclore des milliers de pauvres ?

La tyrannie est toujours l'ouvrage d'un roi ou des ministres qui l'environnent, ou de vils courtisans qui l'approchent ; pourquoi la souffre-t-on ? Pourquoi ne réclame-t-on pas avec autant de chaleur contre les entreprises du despotisme, qu'ils emploient de violence et d'artifices eux-mêmes pour s'emparer de toutes les facultés des hommes ?

Mais est-il permis de se plaindre et de murmurer ? Les plaintes contre l'oppression sont aux yeux des ministres une rebellion qu'on étouffe dans un cachot, souvent même sur un échafaud.

Aujourd'hui la saine partie du peuple qui revendiquerait les droits de l'homme, périrait dans l'abandon ou dans l'infamie. On sera donc réduit à souffrir la tyrannie sous le nom de l'autorité, qui fort souvent est ignorée du roi, surtout lorsqu'il ne s'occupe que de sa table, du clergé et de sa promenade; alors les ministres abusent de sa confiance, les vils courtisans lui persuadent que le peuple est heureux, content, lorsqu'il est surchargé d'impôts et qu'il périt d'inanition. Ministres insensés? Que ne prenez-vous pour modèles les Sully, les Colbert qui ont si bien servi le meilleur des rois et rendu le peuple si heureux? Mais ce tableau est pour vous un rêve digne de pitié; vous aimez mieux la tyrannie qui mène à sa suite l'espionnage et la délation pour savoir ce que l'on pense sur votre compte; la moindre indiscrétion prend la teinte du crime de lèse-majesté; les ennemis deviennent dangereux, aussi il y aura des délateurs et des espions à gages; les amis deviendront suspects. On pensera beaucoup, mais on parlera peu; on craindra de raisonner même devant un ami qui aurait cessé de l'être par son changement d'opinion et qui pourrait être délateur, on s'effraiera de ses propres idées; l'homme prudent retiendra sa pensée comme le riche cachera sa fortune; la vie la plus sage, sera la vie la plus ignorée; la méfiance formera la base des mœurs générales; les citoyens s'isoleront, et tout une nation deviendra mélancolique, mais non pusillanime, ni stupide, ni muette malgré le bâillon. Joignez à cette calamité la multitude d'impôts qui au lieu de diminuer, va toujours en croissant à chaque budget, malgré les représentations des intrépides et fidèles représentans du peuple Français; le sommeil du Français est celui du lion, garre son réveil !

O France si opulente, si florissante naguère, aujourd'hui si pauvre, si humiliée!

Il faut, pour affranchir la France du joug odieux des ministres, que les Français n'aient qu'une seule et même opinion. L'union fait la force. Qu'ils se défient des flatteries de la noblesse qui prétend aujourd'hui à toutes les dignités civiles et militaires, et qui en fait exclure la roture. Qu'a-t-elle fait pour les mériter? Est-ce pour avoir émigré chez toutes les puissances pour nous susciter des ennemis? Cette noblesse, insolente dans la prospérité, basse et vile dans l'adversité, a-t-elle jamais eu le talent qu'a toujours montré la roture? Existe-t-il quelques inventions utiles pour les arts et pour la prospérité de notre commerce sorties du cerveau de la noblesse? Elle est rentrée après l'orage, toujours remplie de cet esprit féodal qui ramène tout à la force et au préjugé. La crise où ce corps orgueilleux se trouve n'inspire ni la justice, ni la modération dont il a besoin pour se maintenir.

La noblesse regarde la roture comme un vil troupeau qui doit courber le front sous le joug, afin d'être exempte de contribuer aux charges publiques ; et cette race orgueilleuse prétend jouir seule de tous les avantages de la société sans en partager le fardeau. Le peuple, divisé d'opinions, ne s'aperçoit donc pas que c'est cette même noblesse qui ourdit cette trame pour mieux servir à ses intérêts; que la noblesse a toujours été et sera toujours l'ennemi juré de la roture. Elle flatte aujourd'hui la partie du peuple qui s'attache à ses intérêts; demain elle la méprisera ouvertement, comme feront les ministres envers le côté droit. Et le peuple divisé d'opinions est assez imbécille pour se résoudre à une servitude illimitée, et aller lui-même présenter ses mains dont on n'aurait jamais osé, dont on eut inutilement tenté de les charger par la violence; l'an 89 en est un sûr garant....... La nature a-t-elle donc exclusivement accordé aux nobles une constitution physique que les climats, la faim, la fatigue ne sauraient altérer? Lui a-t-elle exclusivement donné l'audace qui fait braver les périls, le sang-froid qui les fait surmonter? Lui a-t-elle exclusivement départi le génie qui décide et fixe la victoire? L'opinion et le préjugé donnaient, dit-on, aux hommes de cet ordre une ardeur pour la gloire qui ne se trouvait pas dans les autres conditions. Nos préjugés sur la naissance étaient une prévention ridicule; le désir de parvenir par son propre mérite excite et entretient l'émulation, et élève l'ame à une plus noble gloire que celle d'avoir des ancêtres plus illustres que leurs descendans, qui fort souvent ne sont propres à rien. Quoi! ce serait au sein d'une noblesse corrompue, bas et vils courtisans, dans les décombres d'un château ruiné, qu'il faudrait aller chercher des principes d'élévation ou de désintéressement? Croyez-vous qu'un roturier n'est pas susceptible de l'ambition d'illustrer son nom? croyez-vous qu'il soit moins digne d'être appelé aux actions mémorables, aux grands sacrifices, que ce noble orgueilleux qui s'environne sans cesse des lauriers de ses aïeux? La révolution a détruit ce préjugé. Pourquoi le titre de noble serait-il un aiguillon plus puissant que le titre auquel on aspire? Le premier qui mérita la noblesse qu'était-il avant de l'avoir obtenue? Mettez à sa place un de ses descendans, il aurait laissé roturiers ses enfans et ses neveux. La véritable noblesse est dans le sang et dans la destinée avant d'être sur le parchemin.

Il est aussi facile d'avoir l'ame haute sous un habit de bure que l'ame basse sous un cordon. Le courage, le génie, la vertu sont de toutes les conditions. Quand la noblesse si courageuse a émigré du royaume, et que la France s'est levée en masse, était-ce la noblesse qui commandait les armées? A-t-on choisi des généraux dans leur caste? La noblesse a-t-elle beaucoup de

Turennes à compter parmi elle pour se prévaloir de ces titres fastueux ? La roture a produit de très grands capitaines qui ont illustré leur nom par leur courage, leur talent et leur génie, et c'est en 1820 que la noblesse prétendrait redevenir ce qu'elle était avant la révolution, dans un moment où tous les peuples de l'Europe demandent la liberté ? Ce moment ne lui est pas favorable ; cette noblesse a donc oublié que les Français se sont battus depuis 89 pour conquérir leur liberté ? ils n'auront pas fait impunément des sacrifices aussi grands pour se la voir ravir par des ministres abhorrés et par des mandataires infidèles. La lutte d'un souverain est toujours celle d'un contre tous ; on sait qu'une monarchie est un état dans lequel une seule personne, quelque nom qu'on lui donne, est chargée de l'exécution des lois, de la direction des revenus et du commandement des armées. Mais à moins que des protecteurs vigilans et intrépides ne veillent à la liberté publique, l'autorité d'un magistrat aussi formidable dégénère bientôt en despotisme. Dans le siècle de la superstition, le genre humain, pour assurer ses droits, aurait pu tirer parti de l'influence du clergé ; mais il existe une union si intime entre le trône et l'autel, que l'on a vu bien rarement la bannière de l'église flotter du côté du peuple. Une noblesse fière et hautaine, et des communes inflexibles attachées à leurs propriétés, prêtes à la défendre les armes à la main, et réunies dans des assemblées régulières, sont la seule digue qui puisse résister aux attaques continuelles d'un prince entreprenant pour parvenir au despotisme.

La Chambre des députés assemblés pour faire des lois, ne sont malheureusement pas d'accord. Le trésor, le trésor de la France, dont le roi et les ministres peuvent disposer, peuvent aussi avec de l'or et des places faire pencher la balance de leur côté, et c'est ce qui est arrivé ; alors plus de Charte, la noblesse reprendra ses biens, c'est ce qu'elle désire ; le clergé ses dîmes, et voilà la France plongée dans le deuil et dans la misère la plus profonde. Les députés fidèles de la France proposent des lois, le côté droit, sans les discuter de concert avec les ministres, les rejettent, parce qu'elles contrarient leurs vues toujours usurpatrices des droits sacrés de la nation. Voilà donc la France dans l'esclavage ; la tyrannie exécutive, unique, suprême, héréditaire, pourra tout oser. Qu'on ne croie pas que la Chambre des députés, malgré tous ses efforts, puisse arrêter les projets oppresseurs des ministres. Les fonctions passives de la législature seront toujours écrasées par le pouvoir exécutif, tyrannique par sa nature.

Ainsi la Charte supprimée, l'esclavage de la nation est décrété. Représentans ! Fidèles à la Charte que vous avez juré de maintenir dans son intégrité, et que vous avez défendue avec tant de courage, songez que le jour que le despotisme vous mettra en danger, est le jour de votre gloire et du triomphe du peuple. Son sort est dans ses mains, il saura soutenir ses droits. Qu'un despote ne compte pas, et que ses indignes satrapes, tout couverts du sang des habitans du Midi, n'espèrent pas que le fer imposera un silence éternel à la nation. Que quelques badauds, quelques serfs soudoyés crient vive le roi, le peuple entier crie vive la Charte et la liberté! Il est donc un moyen bien sûr de retirer la France de tutelle où elle est réduite par les ministres depuis 1815; il faut que les Français se convainquent que l'union fait la force, que notre division sur les opinions est la seule cause que nous avons été subjugués par l'Europe réunie, et étonnée de ses succès contre une nation aussi belliqueuse. Depuis 89 jusqu'en 1814, toutes les puissances de l'Europe étaient contre la France, elles ont toujours été vaincues malgré les guerres intestines que nous avions à soutenir dans l'intérieur, suscitées par une horde de brigands des deux ordres, qui avaient fanatisé le peuple des villes et encore plus celui des campagnes.

L'un en promettant des honneurs et des récompenses pécuniaires, l'autre en promettant la palme du martyre à ceux qui mourraient les armes à la main pour la défense de la religion.

Il est donc démontré que si les Français veulent s'entendre et se réunir pour leurs vrais intérêts et le salut de leur patrie, c'est de briser le joug tyrannique que le ministère vient d'imposer à la France; alors nous aurons une Charte faite par des députés fidèles et voulue par le peuple. Alors le commerce prendrait son essor et l'abondance remplacerait la misère.

Mais si rien ne peut émouvoir le cœur des Français à se réunir pour leur commun intérêt, on pourra leur dire: Si la continuité de l'oppression ne vous donne aucune énergie, si vous vous en tenez à d'inutiles gémissemens lorsque vous pourriez rugir, si vous êtes par millions et que vous souffriez qu'une douzaine d'hommes vous mènent à leur gré, obéissez comme de vils esclaves sans importuner personne de vos plaintes; sachez du moins être malheureux si vous ne savez être heureux.

FIN.

OUVRAGES EN VENTE

Chez TERRY, Libraire.

Lettres à Eugénie, sur les *Préjugés religieux ;* par Freret. 1 fort
  vol. in-18. Prix : 2 f. 50 c.

Chansons nationales , nouvelles et autres, de Paul-Émile Debraux,
  4 vol. in-18, ornés de gravures. Prix : 14 f. Chaque volume se
  vend séparément.

L'art de prolonger la Vie de l'Homme et de la Femme, d'après
  Hufflande, médecin du roi de Prusse ; par Morel de Rubem-
  pré, docteur-médecin de la Faculté de Paris. 1 fort vol.
  in-18. Prix : 3 f. 50 c.

*Procès, Crimes et Attentats des Prêtres Mingrat, Contrafato, Mo-
  litor, Dugase, Sielfride* et autres, les uns prévenus, les autres
  convaincus de vol, de viol, d'abus de confiance, de voies
  de fait, de refus de sépulture, etc., etc. 1 fort vol. in-18,
  avec le portrait de Mingrat. Prix : 2 f.

9 782013 488204